孩童完全自救手冊③

這時候，你該怎麼辦？

—獨自出門—

發行人 〉林敬彬

出版發行 〉大都會文化事業有限公司

登記字號 〉局版北市業字第89號

地址 〉台北市基隆路一段432號4樓之9(雙雄世貿大樓)

電話 〉(02)7235216(代表號)

郵政劃撥 〉第14050529號

戶名 〉大都會文化事業有限公司

文字編輯 〉王聖美‧林敬婉‧黃懿平

插畫設計 〉林俊和

封面設計 〉林澄洋

美術編輯 〉維克特股份有限公司

電話 〉(02)9621124

中華民國85年元月初版

中華民國86年七月初版二刷

ISBN 957-992-940-8(套書‧精裝)

孩童完全自救手冊 ③

這時候，你該怎麼辦？
－ 獨自出門 －

大都會文化事業有限公司

序　文

　　災害預防及急難救助之應變能力，是現代社會中每個人應具備的知能，對於一個從未遭遇災害的人，是無法想像遇到災害時生死毫髮之間的無力感。

　　台灣地區隨著經濟的發展，雖然已邁入高度開發國家之列。但是意外災害在我們週遭環境經常會目睹其發生，其中有許多發生在充滿著童真 —— 未來國家主人翁身上，實在令人感到萬分婉惜。

　　在即將邁入二十一世紀的社會中，個人以為應該讓全民對災害預防及急難救助的常識普及化，安全教育更應往下紮根，讓未來主人翁從小就能夠熟悉並瞭解面臨危機的處理方法，懂得如何保護自己，甚至在危急的時候還能幫助他人，救人一命。

　　欣聞大都會文化事業有限公司，編著一系列有關孩童安全教育的「孩童完全自救手冊」，內容包括小朋友在日常生活中可能面臨的突發狀況，其處理步驟及急難救助方法，深入淺出，頗有教育價值。相信這套書付梓可以讓社會上關心孩童安全教育的人士，提供安全正確的急難救助資訊，共同使國家未來的主人翁，生活得更快樂，國家更有希望。

台北市政府消防局

局長　陸委身

序　文

　　個人自從接下女警隊隊長職務以來，便不遺餘力的推行保護兒童安全與婦女援助的計劃。但由於社會快速的變遷、生活與消費的習慣日漸改變，工商業社會與以往農業社會的景況已不復相同。以往只可能發生在大人身上的一些意外與刑事案件，隨著社會的變化亦可能發生在孩童身上，因此完整的孩童安全教育是勢在必行的。

　　欣聞大都會文化事業有限公司，此次特地編著了一系列有關兒童安全教育的「孩童完全自救手冊」來幫助孩童學習如何獨立與應付父母不在身旁時所發生的危難，經由這系列書籍的幫助，孩童可以明確的知道危機處理的明確步驟，讓它們知道如何保護自己和幫助別人。其實不論大人或小孩都應有危機處理的常識，突發狀況發生時成人們都可能手忙腳亂，更何況是成熟度不及大人的小孩呢！所以只有靠著熟悉危機處理的步驟，並保持冷靜的態度，必能化險為夷。

台北市政府警察局　女子警察隊
隊長　李荊娟

給小朋友的一封信

　　嗨！各位未來的主人翁你們好，生活是充滿驚喜與意外的。當你獨自一人在家時，隔壁卻失火了！這時候，你該怎麼辦？當你在上學途中遇到騷擾你的人！這時候，你該怎麼辦？你和同學在家裡玩時，同學卻吞下了硬幣！這時候，你該怎麼辦？

　　其實這些小常識，是平常爸爸媽媽或老師都會告訴你的，但當情況真正發生時，你卻可能一時驚慌而不知道處理的正確步驟，因而耽誤了時效性，而造成了一些令人遺憾的結局！我們相信，小朋友們是有能力做好危機處理的，只是缺乏一個有系統且專業的危機處理法則而已。

　　現在！你們可以不用耽心了！在孩童完全自救手冊——「這時候，你該怎麼辦？」這一系列書中，編者提供了七十多種危機處理的方式。當你在閱讀之前，你也許不知道原來日常生活中，會遇到如此多的突發狀況；但在閱讀過後，便會有一些如何處理的步驟在你心中浮現。在危機發生時，只要你能將心情保持冷靜，再依照書上所列的方法，按步就班去做，便能使你安然的度過每一次危機。

　　當你開始閱讀孩童完全自救手冊——「這時候，你該怎麼辦？」時，可以先想想看當你遇到相同情況時，你會怎麼做，然後再參考本書的各種處理方法，事後記得要跟家裡的人討論然後作記錄，這樣等你碰到相同情況時，你就不會手忙腳亂反而能夠反應迅速，將意外的傷害或災害損失減至最低，甚至救了自己一條小命哦！

致 父 母 和 師 長 的 一 封 信

　　還記得麥考利克金所主演的〝小鬼當家〞嗎？在孩子的成長過程中，常常會經歷許多我們無法預料的突發狀況。當我們不在他們身邊的時候，遇到了一些危險的狀況，他們該怎麼辦？在這個工商業的社會，早就應該有一套完整的危機處理手冊，來幫助孩子們學習如何化解日常生活中所面臨的突發狀況。

　　而我們出版孩童完全自救手冊 —— 「這時候，你該怎麼辦？」這一套書的主旨，正是針對在大人來協助之前，讓孩童學習自己解決問題，不僅可以讓他幫助自己，也可以幫助別人。除了正確的解決步驟外，我們更搭配有淺顯易懂的插畫，讓孩童能藉由生動的圖畫中，了解危機處理的方法。

　　當然，這套書不盡然可以完全蓋括所有的突發狀況和解決的辦法；但儘可能提供各種方法，至於如何運用則要看當事人的熟悉度和反應了！在你的協助之下，鼓勵孩子閱讀此書，在翻開書上方法之前，先思考孩子遇到情況會怎麼做？再叮嚀孩子應對的步驟和最重要先做的事，逐一核對孩子意見和書上的異同，然後選取適合你們家庭的狀況、孩子學校的情況、再搭配孩子成熟度和能力的解決方法。

　　本系列書籍還可製成相關課題，如針對身體所受到的各種傷害，可以製成急救週課題：包括鼓勵孩童檢查家裡和學校醫療設備、練習急救方式、製作成有關危險陌生人或火災逃救的課題。

　　除了七十多種解決方法之外，本書亦有危機處理備忘錄，從每日的小細節做起，使孩童在突遇狀況時，不至於手足無措，其單元亦包括了如何做一些簡單的急救處理。

　　孩童完全自救手冊的立意，是要小朋友能熟知危機處理方法，而當他們身陷危險情況時，腦中就會馬上浮現解決步驟，自然能化解危機，甚至救人一命。

大都會文化事業有限公司
總經理

林敬彬　敬上

獨自出門
你可能遭遇的情況

瞭解危機情況後，先想想看你會怎麼做，然後再閱讀本書所列的解決方法，最後記得和你的家人共同討論。

孩童完全自救手冊③

這時候,你該怎麼辦?
—獨自出門—

目 次

卡在電梯中

你一個人坐電梯要去七樓同學家玩，電梯卻故障不動了。這時候，你該怎麼辦？

8

1. 先等一下，再按關門鍵，然後再按七樓一次。

2. 如果電梯還是不動，馬上按紅色緊急鍵求救，警鈴一響就會有人來救你。

3. 如果沒有緊急鍵或警鈴，用力踏地板、拍門和牆壁大叫等人來救你。

4. 千萬不要試圖打開電梯門爬出去，因為電梯隨時會起動上升或下降，會很危險。

想家

你本來打算在同學家過夜，卻突然好想回家，但你又不好意思跟同學父母講。這時候，你該怎麼辦？

1. 很多孩子第一次離家或在陌生地方過夜都會想家。

2. 不要不好意思跟朋友的父母講，有時候說出來心裡會覺得舒服一點。

3. 如果你還是很想回家，打電話請爸爸或媽媽來接你。

4. 如果你下次還要住在別人家，可以帶著你最喜歡的被子、娃娃或任何東西，熟悉的東西可以讓你覺得像是待在家裏一樣。

11

你尿床了

你在朋友家過夜，但你有過尿床的記錄，你很擔心會在朋友的床上尿床。這時候，你該怎麼辦？

1 別擔心！很多比你大的孩子也有這種問題。

2 睡覺前不要喝太多水。

3 上床前記得先上廁所。

4 鋪一條毛巾或睡袋在床上，必要時容易吸水。

5 當你要在外過夜，記得多帶一套衣服以備不時之需。

大（ㄉㄚˋ）人（ㄖㄣˊ）吵（ㄔㄠˇ）架（ㄐㄧㄚˋ）了（ㄌㄜ˙）

你（ㄋㄧˇ）到（ㄉㄠˋ）同（ㄊㄨㄥˊ）學（ㄒㄩㄝˊ）家（ㄐㄧㄚ）玩（ㄨㄢˊ），他（ㄊㄚ）的（ㄉㄜ˙）父（ㄈㄨˋ）母（ㄇㄨˇ）卻（ㄑㄩㄝˋ）在（ㄗㄞˋ）吵（ㄔㄠˇ）架（ㄐㄧㄚˋ），而（ㄦˊ）且（ㄑㄧㄝˇ）好（ㄏㄠˇ）像（ㄒㄧㄤˋ）快（ㄎㄨㄞˋ）要（ㄧㄠˋ）打（ㄉㄚˇ）起（ㄑㄧˇ）來（ㄌㄞˊ）了（ㄌㄜ˙），你（ㄋㄧˇ）很（ㄏㄣˇ）害（ㄏㄞˋ）怕（ㄆㄚˋ），想（ㄒㄧㄤˇ）回（ㄏㄨㄟˊ）家（ㄐㄧㄚ）。這（ㄓㄜˋ）時（ㄕˊ）候（ㄏㄡˋ），你（ㄋㄧˇ）該（ㄍㄞ）怎（ㄗㄣˇ）麼（ㄇㄜ˙）辦（ㄅㄢˋ）？

14

1. 信任你的感覺！ 一個地方讓你覺得不舒服或不安全就趕快離開。

2. 打電話告訴爸媽發生什麼事， 如果你的對話可能被聽到， 直接告訴爸媽來接你回家。

3. 謝謝同學父母的招待， 告訴他們爸媽會來接你回家。

4. 下次你想要跟朋友在一起時， 可以請他來你家而不要你去他家。

15

有人硬要插隊

你正在排隊買電影票，有一個高年級學生想插隊，你不讓他，這時候他竟然推你出去還想打你。這時候，你該怎麼辦？

1. 不要推回去，以免受到更大的傷害。
2. 不要和他爭辯，到售票辦公室或大廳去。
3. 找戲院工作人員，如：售票員、查票員、帶位員或經理。
4. 告訴他們有人插隊、還推你，請他們處理。

售票口

入口處

17

有人騷擾你

你在電影院看電影，
坐你旁邊的男人，
卻把手放在你大腿上。
這時候，你該怎麼辦？

1 把那人的手推開或叫他拿開，並立即離開原來座位。

2 仔細記下那人的面孔。

3 到入口處告訴帶位員或其他戲院工作人員，並請他們報警。

4 描述他的長相、年齡、衣服和有沒有戴眼鏡，讓大人幫你處理。

13

有ㄧㄡˇ人ㄖㄣˊ給ㄍㄟˇ你ㄋㄧˇ不ㄅㄨˋ明ㄇㄧㄥˊ藥ㄧㄠˋ物ㄨˋ

你ㄋㄧˇ去ㄑㄩˋ公ㄍㄨㄥ園ㄩㄢˊ打ㄉㄚˇ球ㄑㄧㄡˊ，
遇ㄩˋ到ㄉㄠˋ一ㄧˋ群ㄑㄩㄣˊ你ㄋㄧˇ們ㄇㄣˊ學ㄒㄩㄝˊ校ㄒㄧㄠˋ高ㄍㄠ年ㄋㄧㄢˊ級ㄐㄧˊ學ㄒㄩㄝˊ生ㄕㄥ，
其ㄑㄧˊ中ㄓㄨㄥ一ㄧˊ個ㄍㄜˋ給ㄍㄟˇ你ㄋㄧˇ不ㄅㄨˋ明ㄇㄧㄥˊ藥ㄧㄠˋ物ㄨˋ。
這ㄓㄜˋ時ㄕˊ候ㄏㄡˋ，你ㄋㄧˇ該ㄍㄞ怎ㄗㄣˇ麼ㄇㄜ辦ㄅㄢˋ？

20

1. 說 〝不〞，然後走開，千萬不要讓別人威脅你去做你認為錯的事。

2. 如果他們還一直糾纏你，你就跑去告訴警衛。

3. 回到家馬上告訴父母，請父母與老師聯絡，以避免再次發生這種情形。

21

在商店中走失

有一天下午，你們全家去超級市場購物，無意中你卻和家人走失了。這時候，你該怎麼辦？

22

1. 留在超級市場裡面，不要離開。
2. 找服務員或店經理，告訴他們，你和全家走散了，並請他們幫忙廣播。
3. 說清楚爸爸的名字。
4. 乖乖的跟服務員或店經理一起等爸媽來。
5. 向他們道謝。
6. 以後再去大型的商店時，一定要緊緊跟著大人走。

妹妹不見了

你和媽媽還有妹妹一起到百貨公司購物。媽媽去廁所，叫你看好妹妹，你和妹妹在逛玩具部，逛著逛著妹妹卻突然不見了。這時候，你該怎麼辦？

玩具部

24

1. 馬上告訴售貨員，他會請警衛人員幫你尋找妹妹。
2. 告訴警衛人員，妹妹多高、幾歲、長什麼樣子、穿什麼衣服。
3. 不要離開玩具部，等媽媽來找你。
4. 以後逛街時，千萬不要隨便亂跑，一定要聽從大人的指示。

25

尋找皮包

在百貨公司試穿衣服時，你不小心遺失媽媽給你的皮包，你找遍整個部門，就是沒看到，雖然沒有很多錢，但是所有的證件都在裏面。這時候，你該怎麼辦？

26

1 到服務台告訴他們你遺失皮包。

2 留下你的姓名、 電話號碼和皮包的樣子, 裏面有多少錢, 有什麼證件。

3 告訴售貨員你在這丟了錢包, 請他（ 她） 幫忙尋找。

下次記得要將貴重物品隨身保管好。

忘記帶錢包

你在百貨公司要買東西時，
卻發現你把錢包留在家裡。
也沒有錢坐公車回家，
這時候，你該怎麼辦？

台北 ↔ 新店

1. 不要跟陌生人借錢。
2. 向警察或警衛借一塊錢打電話。
3. 如果你找不到警察或警衛，到服務台向店員說明你的情況，借打電話給爸媽請他們來接你。
4. 為了避免下次再有這種情形發生，記得在口袋多帶點零錢或是電話卡也可以。

29

狗ㄍㄡˇ兒ㄦˊ跑ㄆㄠˇ了ㄌㄜ

你ㄋㄧˇ帶ㄉㄞˋ狗ㄍㄡˇ狗ㄍㄡˇ出ㄔㄨ去ㄑㄩˋ散ㄙㄢˋ步ㄅㄨˋ，可ㄎㄜˇ是ㄕˋ當ㄉㄤ牠ㄊㄚ看ㄎㄢˋ到ㄉㄠˋ另ㄌㄧㄥˋ一ㄧˋ隻ㄓ很ㄏㄣˇ兇ㄒㄩㄥ的ㄉㄜ大ㄉㄚˋ狗ㄍㄡˇ時ㄕˊ，竟ㄐㄧㄥˋ然ㄖㄢˊ太ㄊㄞˋ害ㄏㄞˋ怕ㄆㄚˋ，掙ㄓㄥ脫ㄊㄨㄛ皮ㄆㄧˊ帶ㄉㄞˋ跑ㄆㄠˇ掉ㄉㄧㄠˋ了ㄌㄜ。這ㄓㄜˋ時ㄕˊ候ㄏㄡˋ，你ㄋㄧˇ該ㄍㄞ怎ㄗㄣˇ麼ㄇㄜ辦ㄅㄢˋ？

30

1 不要追著狗狗跑。

2 大聲叫狗狗名字，拍手或吹口哨吸引狗狗回來。

3 如果你一定要跟著狗狗跑，要注意安全，小心馬路上車子。

4 如果狗狗不回來，趕快跑回家，請爸爸或媽媽帶你沿路尋找，記得帶著狗狗最愛吃的東西。

5 如果家裡沒有大人，可以請鄰居幫忙或事後聯絡流浪動物之家或環保局協助找尋。

看見受傷的動物

你和朋友走在路上，
看見一隻狗躺在人行道旁，
腳在流血，　你想牠是被車撞了。
這時候，　你該怎麼辦？

32

1 不要摸、抬或移動牠，更不要給牠食物或水。

2 檢查狗狗有沒有戴名牌。

33

③ 如果你發現名牌，看上面主人的姓名、地址、電話，請你的同學立刻與他聯絡。

④ 如果你找不到名牌或是聯絡不到主人，請你的同學打電話到保護動物協會。

34

5 告訴他們狗狗在哪裡、發生什麼事和你該怎麼辦。

6 讓你朋友去打電話，你留下來陪狗狗，如果太陽太大，記得幫牠遮陽。

7 要小心車子靠近，必要時，招手請他們繞道。

給寵物主人

一定要給你的貓咪或狗狗戴名牌，上面寫你的姓名、電話，這樣當你的貓咪或狗狗走失或是受傷了，才可以很快回到你的家。

中華民國世界聯合
保護動物協會　(02)3650923
流浪動物之家　(02)8010577

突然打雷

下午放學後，你和同學約在公園玩球，同學還沒來，天空卻突然出現閃電、打雷，然後開始下大雨，你也沒有帶雨傘或雨衣。這時候，你該怎麼辦？

36

1 打雷是很危險的現象， 當它發生時， 地上最高的物體會被它擊中、 燒焦。

2 千萬不可躲在樹下或是金屬建築物旁邊， 否則很容易被雷擊中。

3 遠離天線或金屬竿， 因為它們也很容易導電。

4 如果打雷時， 你正好在家， 遠離金屬器具， 尤其是電視機上的天線， 因為它可能會導電。

5 打雷時不要洗澡， 因為蓮蓬頭和水也會導電。

37

街上有人遊行

你在逛街的途中，　前面的道路有警察管制，　且有好多人拿著白布條抗議，　好像有暴力的行為出現了。　這時候，　你該怎麼辦？

1 如果可以繞道的話，就從另外一條路經過。

2 萬一沒有別的道路或你不認識別的路時，就快步通過管制地區，不要逗留。

3 在通過管制區時，不要發表個人的意見，也不要贊同或反對。更不要好奇的留下來看熱鬧。

39

計程車司機載你到
你不認識的地方

你坐計程車去補習英文，但是司機卻開往另一條路，你覺得奇怪。這時候，你該怎麼辦？

1. 如果窗外不是你熟悉的景象，不要慌張，應該告訴司機目的地好像不是從這條路走。

2. 並藉口要買飲料或食物，請他靠路邊停，趕快下車到有人的地方。

3. 如果他還是繼續開，等紅燈車子停止時，便將車窗搖下，向路邊的車子大聲喊救命。

41